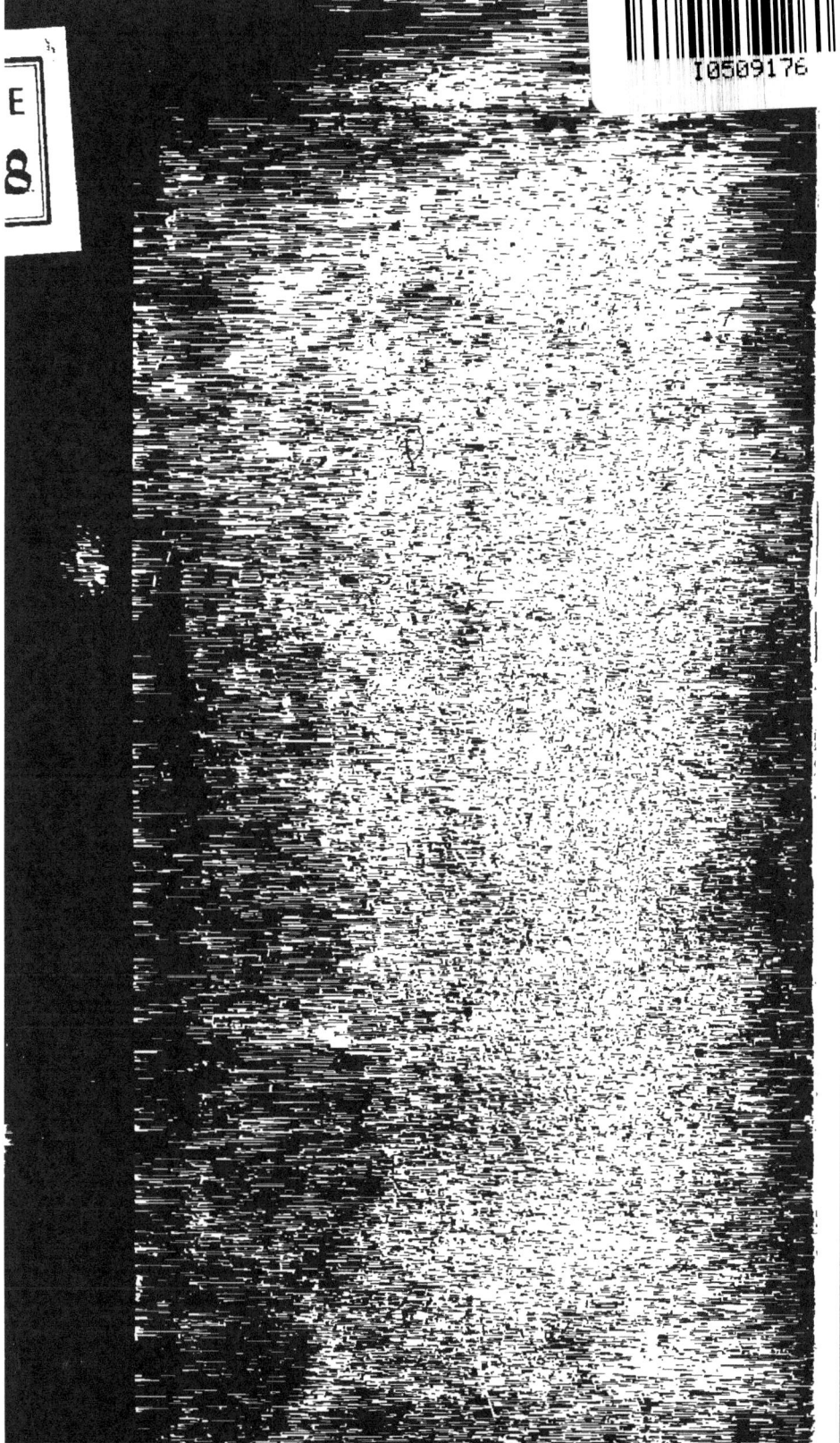

Sorti.

V. 2648.
6.

24068

FABRIQUE ROYALE.

DESCRIPTION ET ANALYSE
DES CRAYONS

DE COMPOSITION

DE COULEURS ET DE TEINTES,

Inventés & composés pour les Artistes des Académies Royales de Peinture, Sculpture & Architecture, & Amateurs.

Approuvée par lesdites Académies.

Par le sieur *NADAUX*, Graveur & Dessinateur, *Breveté du Roi*, seul possesseur du secret du sieur DUMARETS, Peintre & Dessinateur.

A PARIS,
EN SA MAISON, RUE DE LA VIEILLE DRAPERIE, EN LA CITÉ.

AVIS.

Nous croyons faire plaisir au Public Amateur de bons Crayons, de lui donner une idée concise & exacte de la Composition de ceux que nous avons rendus au plus haut dégré de perfection, au moyen des Opérations Chymiques que nous avons tentées, & qui nous ont réussi, suivant les Approbations avantageuses qui nous ont été données par les différentes Académies, aux lumières desquelles nous avons soumis nos Essais. L'usage journalier qui se fait de nos Crayons, soit par les Artistes, les Elèves, soit par les Amateurs, est un témoignage non suspect de leur bonté, & de leur excellence sur tous ceux qui ne sont pas de notre Fabrique.

AUX ARTISTES ET AMATEURS.

LE sieur Dumarets fut assez heureux, après de longues recherches, de réussir à composer avec les mines ordinaires des crayons différents par la couleur & par la teinte.

Les Artistes lui en témoignèrent la plus grande satisfaction, il les distribua toujours avec l'approbation la plus méritée de leur part, pour une découverte, dont l'avantage se fait d'abord sentir de lui-même, principalement dans un siècle aussi éclairé que celui-ci, qui exige un goût décidé dans les Artistes de quelque genre que ce soit; on ne peut disconvenir que le Dessin ne fasse aujourd'hui une des principales parties de la belle Éducation des deux Sexes ; en conséquence, cette découverte est donc généralement intéressante.

L'Inventeur (*sieur Dumarets*), voulant se retirer, fit choix du sieur Nadaux dont il connoissoit les talens depuis nombre d'années en sa qualité de Graveur, Dessinateur & Naturaliste, comme seul capable, non-seulement de le remplacer dans ses opérations, mais même de continuer ses Expériences. Il lui céda donc son secret sous l'agrément de l'Académie Royale de Peinture & Sculpture à laquelle le sieur Nadaux avoit communiqué le projet de sa nouvelle entreprise, lequel eut l'honneur de recevoir une lettre de M. Pierre, Chevalier de l'Ordre du Roi, premier Peintre de Sa Majesté & Directeur de cette Académie, qui s'exprime en ces termes.

« Je ne prévois, Monsieur, aucun
» inconvénient dans la conclusion de
» l'arrangement que les circonstances
» déterminent M. Dumarets de faire
» avec vous. M. Dumarets aura toujours
» la gloire & le droit de l'Inventeur;
» de l'autre, vous conserverez l'invention qui nous est très-utile; tout me
» paroît convenable & honnête dans
» les plans dont vous m'avez fait part.
» *Signé*, PIERRE, 7 Février 1780. »

(6)

Animé par ce premier témoignage honorable de la part d'un Artiste célèbre & après avoir fait ses épreuves générales sous les yeux du sieur Dumarets, le sieur Nadaux présenta ses crayons aux Académies, dont l'examen fait aux assemblées a produit les Certificats ci joints, dont copie.

Extrait des Registres de l'Académie Royale de Peinture & Sculpture, du premier Avril 1780.

LE sieur *Nadaux* auquel le sieur *Dumarets* a cédé, par Acte passé pardevant Michelin & Chéron, Notaires, au Chatelet de Paris, le 12 Février 1780, pour les crayons de composition, ayant demandé à l'Académie, à laquelle il a communiqué ledit Acte, qu'il lui seroit accordé un Certificat comme étant seul successeur & possesseur du secret du sieur Dumarets, & lui a accordé sa demande & a autorisé son Secrétaire à lui délivrer ledit Certificat avec une attestation de la bonté reconnue desdits Crayons.

« Nous soussignés, Peintre ordinaire
» du Roi & Secrétaire-Adjoint de son
» Académie Royale de Peinture & Sculp-
» ture, certifions que l'Extrait ci-dessus
» est conforme à l'original, & que les-
» dits Crayons de différentes espèces, au
» nombre de seize, que fabrique & qu'a
» perfectionné le sieur Nadaux d'après
» les procédés du sieur Dumarets, con-

» fervent toujours leurs qualités énon-
» cées, c'eſt-à-dire, la même couleur
» & le même degré de fermeté & de
» molleſſe qui leur a été donné d'a-
» bord, & que l'uſage depuis nombre
» d'années a été reconnu très-bon par
» l'Académie.

» En foi de quoi Nous lui avons
» expédié le préſent Certificat ſigné de
» notre main, auquel Nous avons appoſé
» le ſceau de notre Académie Royale,
» pour lui ſervir & valoir ce que de
» raiſon. A Paris, au Louvre, le 8
» Avril 1780, *Signé* RENOU, Secrétaire
» perpétuel de ladite Académie. »

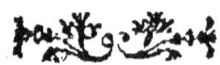

EXTRAIT des Registres de l'Académie Royale d'Architecture, ce 26 Juin 1780.

L'ACADÉMIE étant assemblée, &c.

Ensuite l'Académie ayant examiné les Crayons du sieur Nadaux, a dit que ses Crayons sont très-utiles & d'un bon emploi.

« Je soussigné Secrétaire perpétuel de
» l'Académie Royale d'Architecture,
» certifie que le présent Extrait est
» conforme aux Registres de ladite Académie. Au Louvre, le 15 Juillet 1780.
» Scellé ledit jour du sceau de notre
» Académie. *Signé* SÉDAINE.

„ Je souffigné Peintre du Roi, Direc-
„ teur de l'École Royale Académique
„ de Rouen, certifie que l'on ne s'eft
„ fervi dans cette Académie d'autres
„ Crayons que de ceux compofés par
„ le fieur Dumarets, continués par le
„ fieur Nadaux, & qu'on ne peut qu'en
„ recommander l'ufage; en foi de quoi
„ j'ai délivré le préfent Certificat, &
„ appofé le fceau de notre Académie,
„ *figné* DESCAMP. A Rouen, 29 Août
„ 1780. „

Pour mettre le dernier fceau à cet affemblage de témoignages, nous ajouterons qu'après avoir été mis fous les yeux du Roi, Sa Majefté s'eft fait rendre compte defdits Crayons, & que fur leur bonté & qualité reconnues, elle a bien voulu décorer la Fabrique du sieur Nadaux, du titre de Fabrique Royale, à l'effet d'augmenter la confiance publique pour l'usage d'une invention si utile, & d'assurer la supériorité décidée desdits crayons sur tous ceux dont jusqu'ici on a fait usage. Nous rapporterons le Brevet qui lui a été expédié en conséquence, & qui prouve combien le Gouvernement est attentif à favoriser les talens qui s'appliquent à perfectionné les beaux Arts.

« Aujourd'hui deux Novembre mil
» sept cent quatre vingt, le Roi étant
» à Versailles, voulant favorablement
» traiter le sieur Nadaux, Graveur &
» Dessinateur, seul possesseur du secret
» pour la composition des Crayons de
» toutes sortes de teintes & de fermeté,

» & faire connoître la protection que
» Sa Majesté accorde à la Fabrique des-
» dits Crayons, Sa Majesté a déclaré &
» déclare, veut & entend que ledit sieur
» Nadaux puisse donner à sa Fabrique le
» titre de Fabrique Royale des Crayons
» de composition; lui permet en con-
» séquence de faire inscrire sur un Ta-
» bleau au-dessus de la porte de ladite
» Fabrique: *Fabrique Royale des Crayons*
» *de composition*, & pour assurance de
» sa volonté, Sa Majesté m'a commandé
» d'expédier le présent Brevet qu'il a signé
» de sa main & fait contre-signer par moi
» Conseiller-Secrétaire d'État & de ses
» Commandemens & Finances. *Signé*
» LOUIS, *& plus bas*, AMELOT. »

Ajoutons à toutes ces attestations & titres aussi honorables, l'approbation de M. Cochin, Cheva-

lier de l'Ordre de S. Michel, Garde des Deſſins du Cabinet de Sa Majeſté, de l'Académie Royale des Sciences, Belles-Lettres & Arts de Rouen, Secrétaire-Hiſtoriographe & de l'Académie Royale de Peinture & Sculpture de Paris.... qui depuis nombre d'années fait uſage de ces Crayons;

L'approbation de M. Sage, Profeſſeur de Minéralogie, des Académies Royales des Sciences de Paris, de Stockolm & de Madrid, & de l'Académie Impériale Electorale de Mayence, Cenſeur Royal.

Ces deux Amateurs après avoir reconnu la propriété deſdits Crayons & prouvé la vérité de l'Analyſe des mines naturelles, ont voulu honorer le préſent Livre de leurs approbations & ont ſigné l'original déposé chez M. le Lieutenant-Général de Police.

Après des attestations aussi flatteuses & d'un poids aussi décisif, le sieur Nadaux peut assurer que plus occupé de conserver à ses travaux leur réputation, qu'attentif à chercher les moyens d'augmenter la fortune honnête dont il jouit; il se fera toujours un devoir de mériter les suffrages du Public, en contribuant à l'avantage des Arts, spécialement pour la satisfaction de ceux qui les cultivent.

A cet effet, s'appercevant que plusieurs des Elèves ont trouvé trop cher la plûpart des Crayons, d'après le tarif du sieur Dumarets, le sieur Nadaux, pour leur prouver son désintéressement & leur donner plus de facilité dans le cours de leurs études, a diminué les prix des plus chers, dont il donne un nouveau tableau. Il continuera toujours avec la même ardeur ses tentatives pour continuer de multiplier toutes les espèces différentes, tant pour l'augmentation du nombre, que pour leur teintes, & n'en veillera pas moins à prévenir les contrefactions que l'on fait circuler sous le nom de l'Inventeur. Le prix le plus flatteur qu'il ambitionne est de continuer d'être utile, & l'honneur qu'il met à consacrer ses talens & ses veilles à la satisfaction des Artistes & Amateurs.

Après avoir inventé les Crayons de composition que nous allons décrire, le sieur Dumarets se reposant sur leur bonté pour assurer son bien être, ne se mit jamais en peine d'assurer le Public de leur utilité & perfection, & si le sieur Nadaux n'en vouloit informer que la classe des Artistes, il se borneroit simplement à dire que c'est maintenant chez lui qu'il faut s'adresser pour les Crayons de composition, ajoutant que loin d'avoir dégénéré sous sa main, les espèces différentes sont augmentées & conservent toujours le même dégré de perfection, comme l'attestent les certificats ci-dessus, & dès-lors l'Entrepreneur se croiroit dispensé d'entrer à leur égard dans aucun détail.

Mais comme le sieur Nadaux, toujours jaloux de rendre son travail le plus utile possible, & instruit qu'il est une classe estimable d'Amateurs de l'un & de l'autre sexe, qui sans avoir la prétention d'entrer en lice avec les maîtres de l'Art, ne laisse pas que de produire de beaux ouvrages; c'est pour eux spécialement qu'il lui paroît à propos d'expliquer d'une manière concise les qualités de ses Crayons de composition, pour les mettre à portée de les apprécier & de sentir les avantages qu'ils trouveront à s'en servir de préférence.

Ces Crayons, quoique de composition, ne sont pas à proprement parler factices, puisqu'au contraire, composés de craye & de fécule colorante, ils sont fabriqués avec toutes les substances naturelles, telles que les sanguines, la pierre blanche & noire ordinaire d'Espagne & d'Italie, la mine de plomb d'Angleterre, &c; tous ces minéraux qui sont communément employés à dessiner, ne sont point le fruit des travaux d'aucun Artiste.

On ne doit pas non plus présumer que ces Crayons puissent être substitués aux pastels, puisqu'ils sont destinés au dessin en grand aussi bien qu'en petit. Pour mieux les faire connoître, nous allons les distribuer en classes divisées, subdivisées en espèces, en indiquant succinctement les substances fondamentales qui les composent avec leurs propriétés, leur dégré de fermeté & de mollesse ainsi que leurs teintes.

PREMIÈRE CLASSE.

Crayon de Sanguine.

PREMIÈRE ESPECE.

Crayon Rouge.

Les Crayons rouges de cette espèce, ainsi que ceux des suivantes, sont formés d'une pâte faite avec la poudre de l'espèce d'ochre, ou terre martiale, d'un rouge plus ou moins foncé, qu'on nomme *hématite* ou *sanguine* tendre & qui tire son origine des mines de fer décomposées par une chaleur souterraine; sa combinaison avec des principes vitrescibles, & surtout avec des substances minérales étrangères au fer & sablonneuses la rend nécessairement aigre & rebutante à l'usage, qui fait que les Artistes en ont toujours du désagrément; car outre qu'en nécessitant des inégalités dans les touches & dans les hachures, elle empêche les deffins d'être fuave & moëlleux & d'un beau faire; cette fanguine naturelle y fait régner un ton fec & fouvent même elle écorche le papier, inconvénient dont les contre-épreuves fe reffentent toujours.

Les Crayons qu'annoncent le fieur *Nadaux* étant faits d'une pâte qu'il dégage de tout corps hétérogène & qu'il combine avec des principes qui fervent à lier les parties intégrantes, ont par cette raifon même un dégré de bonté qui favorife l'Artifte en lui facilitant de donner à ces ouvrages tout le moëlleux qu'il peut defirer; de plus, comme la fubftance de ces Crayons eft abfolument homogène, elle donne l'avantage fupérieur aux deffins de produire des contre-épreuves d'autant plus excellentes que la preffe agit fur eux avec une égalité plus parfaite; l'on n'y a pu parvenir qu'à l'aide d'un procédé chymique, qui donne une teinte parfaitement égale dans le vrai rouge de sanguine & qui les garantit en outre de l'influence de l'air, en donnant aux parties colorantes toute la fixité dont elles sont susceptibles.

Ce Crayon, dont on pousse le dégré de fermeté au choix de l'Artiste, se divise en tendre, demi tendre & ferme; celui-ci conserve sa pointe assez fine pour servir à quiconque dessine en petit.

DEUXIEME ESPECE.

Crayon rouge a graveur.

ON nomme ainsi ce Crayon, parce que sa pointe ne se casse point; il peut s'employer à dessiner des objets très-petits, tels que les portraits, les mignatures, les paysages, &c, avec tout le moëlleux & le fini qu'on peut souhaiter, composé d'une pâte extrêmement pure, il conserve sans altération sa teinte foncée, ne durcit point & se contre-épreuve bien; il se subdivise sous deux degrés, le demi tendre & le ferme, & pour la satisfaction des Elèves, il se divise en quatre teintes fermes.

TROISIEME ESPECE.

CRAYON ROUGE CARMINÉ.

CE Crayon tiré d'une sanguine choisie, est composé des principes terreux les plus carminés dans leurs teintes, lesquels lui donnent le ton d'un beau rouge vif, il ne s'émousse point & sert pour le moyen & pour le petit dessin; son ton est d'un frais agréable, & son dégré demi-tendre, ou même au-delà, rend les contre-épreuves très-belles.

QUATRIEME ESPECE.

CRAYON BRUN.

CE Crayon a pareillement pour base la sanguine la mieux purifiée, il produit un ton d'un vif qui flatte l'œil; les qualités sont les mêmes que celles de la mine, dont il est extrait; il se divise en deux dégrés, demi-tendre & ferme.

CINQUIEME ESPECE.

CRAYON NEGRE.

LE Crayon Négre, composé de certains principes terreux unis avec la terre sanguine, obtient un brun vif & poussé jusqu'à la teinte des plus beaux Négres; par son moyen l'Artiste peut jetter dans les dessins un ton frais & vigoureux, qui produit de grands effets; il se divise en deux dégrés, demi-tendre & ferme.

SIXIEME ESPECE.

CRAYON MORESQUE.

CE Crayon, le plus foncé de tous les bruns est extrait des mêmes corps que le précédent, & donne cependant un ton vigoureux & moelleux dans les hachures; il est bon pour dessiner en moyen, comme en petit; il est ferme & donne de belles contre-épreuves.

Ce Crayon se peut diviser en teinte si l'on en demande, l'on s'en sert beaucoup dans les Ecoles de Dessins en Serruries.

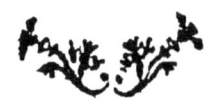

SEPTIEME

SEPTIEME ESPECE.

CRAYON DE MINE DE PLOMB ROUGE.

CE Crayon a pour base la *sanguine* & la *mine de plomb* d'*Angleterre* qu'on prépare au feu; cette substance est le produit d'une sorte de minéral, appellée *molibdéne* ou *plombagine*, très-différente du métal nommé *plomb*, c'est *un mica ferrugineux*.

Les Crayons qu'on fait avec cette substance combinée & d'autres couleurs semblables, sont de beaucoup supérieurs à ceux qu'on employoit autrefois.

Ils ont l'avantage de conserver leur pointe, ce qui met l'Artiste à même d'avoir une touche moëlleuse, soit qu'il dessine du moyen ou du petit, leur couleur est entre le brun & le rouge de sanguine, & leur ton a la plus grande douceur, les contre-épreuves en sont également belles, il se divise en tendre & ferme.

DEUXIEME CLASSE.

CRAYONS DE CRAYE.

PREMIÉRE ESPECE.

CRAYON BLANC.

CE Crayon est tiré de la craye, qu'on soumet à calcination. Pour la rendre d'un très-beau blanc, on la dégage du talc & des particules sablonneuses, qui, sans cette opération, la rendroit disgracieuse au maniment ; mais alors elle fournit un crayon des plus doux, nullement sujet à jaunir, ni durcir, avec l'avantage d'être fixe, de ne point se détacher du papier par la sécheresse & de se contre-éprouver très-bien ; on en fait usage sur des papiers bleus & gris, en grand comme en petit ; il se divise en tendre, en demi-tendre & fèrme; on fe fert du tendre pour efquiffer les Tableaux.

DEUXIEME ESPECE.

CRAYON GRIS.

CE Crayon, qu'on extrait de la craye par certaine préparation dégagée de fes parties étrangères, eft moëlleux & doué d'une confiftance néceffaire pour le grand & le moyen; il eft de quatre teintes.

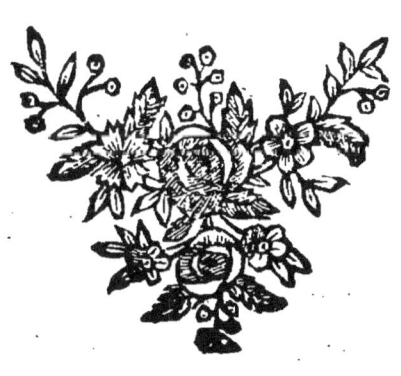

TROISIEME CLASSE.

CRAYON NOIR.

PREMIERE ESPECE.

CRAYON NOIR ORDINAIRE.

Chacun sçait, & les Artistes mieux que personnes, combien les Crayons naturels de pierres noires, les uns fermes, les autres tendres, occasionnent des disgraces dans la pratique du dessin: le Crayon tendre, quoique meilleur pour l'ordinaire, est communément si charbonneux qu'il est souvent impropre aux esquisses mêmes, il n'est guère bon qu'à l'estompe, au lieu que le ferme, lorsqu'il est manié par une main habile, sert plus généralement dans le grand & le petit; mais dans son état naturel il entraîne bien des inconvéniens presque irrémédiables, puisqu'à l'air il se décompose, & que dans l'espace d'un an il se détruit fort souvent en entier, il se lève par couches ou lits minces, effets causés par la *vitriolisation* ou l'*efflorescence* des *pyrites martiales* que contient la pierre noire, qui rend ces Crayons graveleux ; il est important de s'en débarrasser avant que de le convertir en Crayons.

D'ailleurs, la fermeté quelquefois trop forte, oblige l'Artiste de le porter à sa bouche pour l'humecter, auquel cas il peut survenir des *érosions* & des inflammations aux lèvres & à la langue, tous symptômes dangereux qui peuvent pareillement résulter de la poussière lorsqu'on la respire en l'aiguisant ; de plus, malgré la fermeté, ce Crayon n'est point fixe, parce que la grande quantité de vitriol dont il est imprégné réagit sur le fer qui est la base de cette couleur noire, & rend le Crayon si dur que l'on ne peut s'en servir ; ce vitriol ne tarde point à se détruire du papier, & lorsque ce dernier effet n'a pas lieu, sa couleur perd sa cohérence & se détache ou passe sous une teinte jaunâtre & plâtreuse qui fait perdre tout le prix au dessin.

Tant de désagrémens ont si fort dégoûté les Artistes, que la plûpart ont abandonné la pierre noire, ou ne s'en servent que très-rarement depuis qu'il existe des Crayons de composition.

Pour obvier à ces inconvéniens, après avoir fait subir une assez longue opération aux pierres noires, tendres & fermes, pour les purifier tant de leur principes vitrioliques que des *molécules* pyriteuses & sablonneuses qui les rendoient aigres au maniement, on obtient une substance parfaitement *homogéne*, qui jointe à d'autres poudres avec lesquelles on l'amalgame, fournit un Crayon d'un aussi bon maniement que d'un beau noir égal fixe, qui ne se lisse point, qui se conserve toujours & susceptible du dégré de fermeté que l'Artiste le desire, sans qu'il soit jamais besoin de le détremper à sa bouche.

Le tendre sert pour dessiner à l'estompe, en employant même le Crayon blanc; le ferme est pour dessiner le moyen & le petit; sa pointe se conserve bien & facilite le travail moëlleux; il est tendre, demi tendre & ferme; il se divise en quatre teintes.

DEUXIEME ESPECE.

NOIR.

Crayon d'Italie, ou *pierre d'Espagne*.

CETTE pierre, quoique plus pure que la précédente, en a presque tous les défauts dans son état naturel; mais au moyen d'une manipulation particulière, elle produit un Crayon dont la couleur est inaltérable & qui tenant bien sa pointe fine, met en état de dessiner en petit, même le portrait; il est moëlleux & ferme.

QUATRIEME CLASSE.

PREMIERE ESPECE.

CRAYON DE MINE DE PLOMB.

Nous avons défini plus haut la mine que fournit ce Crayon; en la purifiant, nous en abforbons totalement les *molécules hétérogénes ferrugineuses* & le gravier qui la rend aigre, & nous l'avons alors d'un tiffu pur & fi doux qu'elle ne liffe ni n'éraille plus le papier.

Notre Crayon, qui ne perd rien de fa couleur naturelle, répand dans le deffin un ton vigoureux & produit le plus bel effet; il fe divife en tendre & ferme; ce dernier fait très-bien en petit.

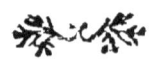

DEUXIEME ESPECE.

Crayon de Bronze.

Ce Crayon extrait de la mine de plomb précédente, & d'une autre substance avec laquelle on l'incorpore, produit, à l'aide d'un procédé chymique, une couleur qui tient du bronze & dont la fixité ne change ni ne s'affoiblit par sa suavité. L'Artiste est à même de mettre un bel effet dans ses desseins : il est ferme & l'on s'en sert en petit; il se divise en deux couleurs de bronze.

Crayons de couleurs & de teintes.

Crayon à dessiner sur glace, étant effacé, sans être redessiné, reparoît à son choix.

Fait des Pastels de sa Fabrique.

L'on trouvera tels assortimens de Crayons que l'on desirera, tant de sa

Fabrique que d'Angleterre, en bois de Cèdre & autres, tout ce qui concerne le Deſſin, & en fera la Correſpondance dans les Villes de Province.

Les Crayons de compoſition ſe vendent par douzaine, enveloppés dans du papier bleu. L'enveloppe timbrée d'une fleur-de-lys du numéro du nom du ſieur NADO, le timbre, pareil au timbre du Crayon, & l'eſpèce.

L'on donne le Tableau des Prix.

Il n'y a aucun Dépôt dans Paris pour en éviter les contrefactions. Mais il s'en trouve dans les Villes de Provinces pour la commodité des Académies.

Seul Dépôt *en ſa Maiſon, rue de la Vieille Draperie, Quartier de la Cité, à Paris.*

Le Tableau de la Fabrique ſur la Porte.

APPROBATIONS.

Lû & approuvé ce 10 Novembre 1780, COCHIN.

J'ai lû la *Description & Analyse des différentes sortes de Crayons* de M. NADAUX, & je n'ai rien trouvé qui puisse empêcher l'impression de cet Ouvrage intéressant, SAGE.

A Paris, ce 22 Novembre 1780.

Vû les Approbations, permis d'imprimer le 22 Novembre 1780.

LE NOIR.

De l'Imprimerie de CAILLEAU, rue Saint-Severin.

www.ingramcontent.com/pod-product-compliance
Lightning Source LLC
Chambersburg PA
CBHW050025230526
45470CB00003B/1140